PREFAZIONE

E tu, di che religione sei?

Questa domanda la si sente spesso, molto più di quanto si chieda "cos'è, per te, la religione?".

Si sente davvero poco discutere su temi come:

- La spiritualità, ha una religione?
- Una persona spirituale può, sicuramente, avere una religione, ma un religioso è davvero un essere spirituale?
- Cosa ci insegnano le religioni più antiche?
- La Bibbia si può davvero prendere alla lettera?

Quasi mai le persone si pongono delle domande o fanno delle scelte religiose; la maggior parte segue semplicemente la corrente dove i genitori li hanno posti, che a loro volta sono stati posti dai loro genitori, e così via.

Chissà se i praticanti, prescindendo dalla religione professata, riflettono sulla competizione tra le religioni!

E dell'assurdità della 'condanna' o 'premio' eterno in base al Dio tifato, in quanti ci pensano?

La repulsione che più di un Dio ha per la donna, è davvero divina o prettamente maschile?

I testi denigratori riguardanti le donne arrivano davvero dalla volta celeste o da terreni, frustrati uomini che simulano divine ispirazioni affinché possano candannare la donna senza sentirsri ingiusti; anzi, si reputano giudici timorosi di Dio.

A leggere con attenzione, c'è davvero poco di sacro e troppo di umano nelle scritture ispirate dal Divino.

Pensandoci, l'avversione per la donna contenuta in diverse scritture, cosidette sacre, riduce il potere Divino rendendo imperfetto il Creatore stesso.

Perchè, se la donna è cos' imperfetta, peccatrice e tentatrice, allora
il suo Creatore, Dio, non è così grande, saggio e misericordioso.
Ma forse Dio non c'entra proprio niente con la misoginia,
nemmeno con l'odio, mi sto convincendo chhe non c'entri nulla
nemmeno con la religione.

PREDICHE AL BAR

- Tu insisti a venire in questo bar ma a me non piacce proprio!
- Perché? Ci veniamo a bere il caffè e farci una pausa, c'è posto al sole, nessuno rompe, è pulito ma soprattutto il caffè è ottimo.
- Si, quello si.
- E cosa è no?
- Ma no, niente. È che qui a fianco, anche di fronte, ci sono delle belle gnocche che ti servono.
- In che senso "ti servono"?
- Come in che senso? Come qui, ti portano il caffè!
- E quindi?
- Ma sei scemo?
- Se lo fossi, dici che lo saprei?
- Smettila di fare la sabbia nelle mutande.
- Oh, signorina Fifì, si calmi.
- E togliti quel sorriso da ebete dalla faccia... e nemmeno a squarciagola devi ridere. Comunque ti stavo dicendo che per dieci centesimi in più preferisco essere servito da una bonna. Che poi la posso solo guardare, quello è vero ma c'est la vie.
- Io per dieci centesimi in meno preferisco bere un buon caffè, che sia bonna o meno, io nel caffè non ci metto niente, quindi non mi cambia nulla.
- Spiritoso, non è che quella bonna me la metto nel

caffè, e purtroppo nemmeno ci faccio qualcosa però gli occhi vogliono la sua parte.

- Per me il palato, in questo contesto, ha la priorità. E ti dirò di più, hai detto che di fronte c'è una gnocca! Paghi dieci centesimi in meno, gusti il caffè e ti guardi per tutto il tempo che vuoi la gnocca che ti sta di fronte, gratis. A fare l'avido, ti perdi tante cose.

- Devo dire che potresti avere ragione.

- Allora che hai fatto ieri sera?

- Te lo posso dire?

- Sicuramente si che puoi, dipende se lo vuoi fare.

- Sempre più spiritoso. Allora, sono andata alla chiesa nuova, quella che fino a un paio d'anni fa era una conciaria. Non so se hai capito di quale edificio sto parlando. Quello vicino alla casa di Angelica, la mia nuova collega.

- Nonché la ragazza per cui hai una cotta.

- Cotta no, interesse si.

- Quindi è una di chiesa, una, come si usava dire "pura".

- Pura non esageriamo, sai che ci frequentiamo da un po', come amici purtroppo per ora. Mi ha raccontato un po' del suo vissuto. Diciamo che non è cattiva e sembra essere anche abbastanza sincera, ma le piace molto soddisfare la carne oltre alla cura per l'anima. Dice che le due cose non si devono assolutamente escludere a vicenda.

- Ottima visione della vita. Godersela senza fare, volontariamente, del male a nessuno. Alla fine, vista in modo oggettivo, il loro maestro spirituale non ha mica mai condannato il piacere della carne, anzi! Solo che poi la chiesa, a seconda della corrente che si segue, ha mischiato un po' le carte e non si capisce più una mazza. Però chi segue la religione così assiduamente ha un po' di timore reverenziale in più. Ma tu? Da quando sei diventato religioso?

- Ma no, cioè, io sono cattolico e ho...

- Ti ricordi che ti conosco da quando avevi quattro anni, quindi conosco il tuo vissuto e so dei tuoi sacramenti e anche della rottura dei gioielli che sei capace di fare!

- Si è vero tutto tranne il fatto che ti rompevo i gioielli, stronzo. Dicevo, ci vado perché alla fine fanno delle cose davvero belle e utili. Aiutano le famiglie in difficoltà, fanno serate durante cui trattano dei problemi o delle situazioni critiche di alcuni fedeli ma non solo, anche persone che non appartengono alla loro corrente religiosa.
C'è tanta condivisione e vita sociale. Mi ha chiesto una mano e io... sai che lo faccio con piacere.
- Sicuramente, soprattutto quando di mani te ne chiederà due.
- Eh, non vedo l'ora, però pare che attendere valga la pena.
- Non è che per averla devi diventare pastore?
- E che male c'è?
- Porca vacca! E menomale che non avevi preso nessuna cotta.
- Ma cosa c'entra? Ho solo detto...
- So cos'hai detto, ed è proprio quella spontanea velocissima risposta che dice ciò che tu non ammetti con te stesso.
- Ma giù dalle balle, sei pesante quando fai così!
- Ok, ok. Quindi mi diventi pastore!
- Ma no, però a me non dispiace questa corrente religiosa. Si basano molto sulla Bibbia e poi sono molto inclusivi.
- E per te basarsi sulla Bibbia è una garanzia?
- Beh, è stato definito, non solo dai cattolici, il libro dei libri!
- Non solo dai cattolici? Si, può darsi, da qualcuno che voleva farsi, in qualche modo, qualche cattolico, metaforicamente o meno. Un po' come te con Angelica.
- Guarda che sei antipatico.
- Non, lo escludo.
- Dai, non puoi ignorare il valore della Bibbia! Ha un valore inestimabile sia storico sia umano, quindi al di là della religione stessa.
- Storico è un'eresia, sul resto possiamo discuterne.
- Ok, sulla precisione dei sui dati, a livello storico, magari non c'è un ottimo riscontro ma il suo valore umano è indiscutibile, è il libro dell'amore, su questo sarai d'accordo con me spero.
- Sei serio?

- Si dai, ovvio che sono serio.
- Sai cos'è la cosa che mi sorprende di più?
- Dai, ascoltiamo il filosofo.
- Grazie, non è il fatto che tu sostenga che questo libro ha un certo valore inestimabile, ma che lo facciano le donne, tra cui Angelica, che è pure laureata.
- E cosa c'entra questo scusa? Perché le donne non dovrebbero studiare, credere e nutrirsi della Bibbia? Ma soprattutto perché un laureato dovrebbe amare meno questo libro?
- Qui è Angelica che parla.
- Smettila, è una domanda seria.
- Ok, e io ti risponderò seriamente, ma tu non mi interrompere.
- Ricordati solo che abbiamo una decina di minuti e poi dovremmo andare, perlomeno io devo rientrare al lavoro.
- Certo, allora, ricapitolando.

Abbiamo un Dio che crea in sei giorni tutto, quindi magico, efficiente, insuperabile e incomparabile. Ma quando crea l'umano gli piace fare le cose difficili perché Adamo lo impasta, gli sputa in faccia e gli augura buona vita.

Adamo quindi si può ritenere fortunato perché non è stato creato con lo scrocchiare delle dita, in modo anonimo, bensì a tu per tu col creatore.

Ma il problema nasce quando decide di creare Eva.

Ora mi chiedo, ma il Signore si era stancato di fare le cose facili, si stava annoiando a morte o cosa? Dopo miliardi di creazioni, per fare una femmina d'uomo doveva per forza scostolare il prototipo? Dice che lo ha fatto perché Adamo si stava annoiando, tutto da solo e privo di qualsiasi interesse. Continuava a mangiare da mattina a sera, e così rischiava pure di diventare obeso.

"Adamo, scusa vieni qui, dammi una costola che mi serve. Volevo farti un tuo simile ma femmina, insomma una donna, e quindi ho bisogno dei fermenti per farla, sgancia una costola."

Che poi già gli è andata bene ad Adamo, gli ha tolto una

costola senza anestesia ma senza dolore e senza una goccia di sangue e soprattutto senza una cicatrice. Ecco, anche di questo ne dovrebbero parlare, soprattutto negli ospedali che ci lasciano cicatrici brutte e lunghe che ci sopravvivono.

Ma torniamo a Eva.

Una costola di Adamo e puf, una bella gnocca, la più bella mai vista prima. Beh, per Eva era facile vincere visto che era l'unica.

Quindi già qui iniziamo a giocare sporco, niente par condicio, perché quando Adamo si annoia Dio gli toglie una costola per farle una bambolina obbediente, calda, docile e morbida.

Ma quando è Eva ad annoiarsi Dio niente, non fa niente. La molla in mezzo al giardino con un uomo che non ha interessi perché è appagato nella pancia e più in giù. Non gli viene in mente di prendere un metatarso di Eva e creare un bel gnocco, un amante perfetto, visto che il peccato non esisteva ancora, no, a Eva niente. E siccome Eva è un essere emotivo, cerebrale, ha bisogno di parlare, di creare, di sperimentare.

È normale che poi Eva parli con il serpente. Quell'uomo con cui passava le giornate non c'entrava nulla con lei, non aveva interessi e una volta appagati i propri impulsi, senza peccato ovviamente perché non esisteva ancora, non aveva nulla da offrire a Eva.

E quando Eva provava a parlargliene, a far crescere il rapporto, a spronarlo a fare qualcosa Adamo le ricordava che era lui il suo creatore, cioè, l'aveva creato l'artigiano Padre, il grande Creatore, ma lui gli aveva dato la materia prima, la propria costola. Quindi Eva, già allora, doveva subire in silenzio la superiorità di un essere inferiore. Non parlo che l'uomo fosse inferiore, semplicemente quell'uomo si è mostrato inferiore a quella donna, senza generalizzare.

E così Eva cerca di affrontare qualche discorso esistenziale col serpente... insomma, trattasi di vita sociale ragazzo!

Abbiamo quindi una donna coraggiosa, socievole e piena di interessi, anticonformista... Non proprio anticonformista, è che Dio gli aveva detto di non mangiare quella mela ma, pensava Eva, se non la dobbiamo mangiare perché ce lo ha messo qua a due spanne dal naso?

Magari per vedere se siamo abbastanza coraggiosi.

Oppure l'ha messo qua per vedere se ci accontentiamo a sopravvivere e non cerchiamo di vivere, emozionarci, andare oltre.

Pensandoci bene, mica ci ha spiegato dettagliatamente il motivo per cui non ne possiamo mangiare i frutti. Chissà cosa ci vuole dire…

Mentre Eva andava avanti con le sue elucubrazioni mentali Adamo pensava: Signore mio quanta roba bonna, mangiare, bere e tro… trotterellare per il giardino pieno di ogni bontà, ho la mia costola che è un'opera d'arte, mi fa star bene e non mi stressa. Quando è pensierosa va dal psicologo, una sorta di serpente. L'importante è che a me non rompa proprio le scatole.

Il serpente invece, che è nato prima di loro, altrimenti non l'avrebbe saputa così lunga, dice a Eva: Ma magnatela sta mela, è qui! Come dirà dopo Oscar Wild 'unico modo per resistere alle tentazioni e cedervi' goditela sta mela, manco fosse la fine del mondo. Se il tuo programmatore non avesse voluto che la mangiassi non te l'avrebbe messa davanti, non sarà mica così stupido da mettere a rischio il proprio creato? Guarda, basta che ci guardiamo intorno, considerando le sue meravigliose opere, questo creatore è più che intelligente, è un genio. Quindi, magna Eva, e che diamine, almeno decidi cosa mangiare visto che per il resto non ti cagano.

Eva pensava che il serpente avesse ragione. Non fu fregata Eva, ella scelse.

Al massimo fu fregato Adamo, ma dalla propria obbedienza cieca e ignorante che per non pensare fece ciò che chiese Eva, e poi al suo padrone disse subito che è colpa della sua costola, cioè, di Eva.

Poi vengono scacciati dall'Eden, devono faticare, partorire con fatica, questo solo per la costola, Adamo di fatica continua a non farne. Mettono al mondo, non più paradisiaco, due maschi, un gran figlio di, come si suol dire, buona donna e un gran sfigato. Ma dico io, almeno uno normale non poteva prevederlo nella genesi il grande narratore?

E poi ci si lamenta perché la gente vuole vivere senza faticare, il progetto iniziale del programmatore era proprio quello. Quindi queste persone stanno solo cercando le loro radici ataviche. E dell'invidia, cattiveria, competizione, odio dentro la famiglia cosa possiamo dire? tutto progettato nella genesi. Il Signore ci appare subito come un grande programmatore, un gran genio… solo che si nota il suo essere un po' perverso e misogino.

Cerchiamo di fare il punto della situazione!

Il grande creatore crea un uomo, a sua somiglianza perché se è così genio è anche un po' megalomane e non può non autocelebrarsi.

Siccome vede che il suo prototipo si annoia e da solo non può riprodursi, pensa che la sua somiglianza gli doni ma ha esigenze diverse, e presto scoprirà che anche l'intelletto è molto differente. E quindi decide di fare come ha fatto con tutti gli altri prototipi, gli offre un'accogli impulsi e generatrice. Così gli esseri a sua somiglianza saranno tantissimi, sarà come vivere in una casa piena di specchi, ovunque guardi ti ci vedi specchiato.

La donna… nulla gli sarebbe costato sputare in faccia anche a lei per par condicio ma, siccome non era maschio come egli stesso, per invidia, decise di farla sentire inferiore da subito. E così optò per una costola vivente, la costola vivente della controfigura del più celebre creatore. Secondo lui stava dando fin troppo a Eva. E così tutti gli uomini, devoti, di chiesa, di buona condotta, proprio in buona fede, sono convinti che la donna appartenga a loro e che ovviamente valga meno di loro, ma che dico meno, molto meno, è pari a una costola!

È più che comprensibile il casino che hanno fatto gli uomini poi nei miliardi di anni, porca vacca. Si sentono in dovere di arrogarsi il diritto di proprietà sulla donna.

Ma questa è un'altra cosa, torniamo a noi.

La donna, come genere, è un osso umanizzato, un'estensione del maschio, vive solo grazie a lui e proprio a egli appartiene. Progettata bella e intelligente, per soddisfare bisogni, vanità e mancanze maschili, ma fragile e sottomessa affinché l'uomo possa sentirsi al sicuro e possa esercitare il suo diritto di padrone.

Ricordiamoci che il programmatore è un gran genio, se dona grandi muscoli alla donna sa di rischiare tanto, quindi le dà intelligenza ma impotenza di poterla usare, a meno che la magnanimità maschile non le concedi di esprimersi.

Oltre ad averla fatta partire con immenso svantaggio sull'uomo, la condanna pure per aver socializzato con degli esseri che egli stesso gli aveva lasciato vicino. L'ha subito punita per aver usato la sua testa, per aver osato, per aver anche solo pensato di poter prendere delle decisioni senza prima, umilmente, aver chiesto il parere dell'uomo Adamo.

In fondo, forse il creatore si è incazzato perché il prototipo creato a sua somiglianza era solo una mezza sega, valeva molto di più la sua costola; che non poteva dire di averla fatta proprio a sua somiglianza, era una mera costola evoluta; ecco dove si sono ispirati i creatori dei Pokemon e le loro evoluzioni. Può darsi che il creatore abbia avuto un po' di invidia per questa Eva, e infatti, per vendetta le fa partorire uno sfigato e un bastardo.

Qui comprendiamo che spesso, pur di vendicarci, di fare del male a chi ci sta sulle palle, finiamo per fare del male a noi stessi, ma talmente godiamo nel vedere soffrire l'altro che nulla ci importa della nostra disgrazia.

Perché alla fine il creatore non ha fatto un dispetto solo a Eva, i figli erano anche di Adamo, che seppur fosse con la testa tra le nuvole, la conseguenze le ha subite.

E dopo questa parentesi si perdono le tracce di questa razza per poi trovarne tantissimi in giro per la terra, la palla che il creatore ha usato come campo per i suoi prototipi.

Come abbiano fatto a moltiplicarsi però non si sa, visto che l'incesto non è contemplato, anzi è condannato dalla chiesa, e soprattutto genera figli malformati. Non che i due fratelli, nati da rapporti non incestuosi, fossero tanto sani di mente, sia chiaro.

Perché il manuale del creatore dice che ne fa due prototipi, che fanno due figli, che ne rimane uno, il più stronzo ovviamente e poi basta. Sicuramente non voleva lasciar trace del fatto che l'origine dell'umanità fosse fondata sull'incesto; tutta la sottile e astrusa morale della castità, verginità, purezza ecc. con cui ci hanno riempito la testa nei millenni non avrebbe più alcun senso. Oltre al fatto che bastavano i frutti della sua mente contorta che si palesano già fino a qui.

Si fanno scorrere taaaaanti anni, gli umani soffrono (per forza, son tutti figli di Caino, sto gran bastardo, anche se la Chiesa ci ricorda che la colpa è di Eva), ci sono le guerre, le torture, le sofferenze fino a quando il programmatore dice: Questo gioco è uno schifo, va bene tutto ma un po' di decenza ci vuole.

E così prende la decisione di far nascere suo figlio, cioè un figlio, un mezzosangue.

Insomma, il progetto si presentava già difficoltoso e poco chiaro, e il creatore non ammetteva incertezze e fallimenti.

E poi il concetto di famiglia e di figli per il creatore non era ben chiaro.

Si vede che il Signore ha creato l'uomo il sesto giorno eh! Ormai aveva finito tutta la fantasia, oltre ad essere stanco. Perché se guardiamo la prima famiglia dove ci ha messo mano direttamente il creatore abbiamo: donna tradisce l'uomo, anche se non ci sta col serpente, semplicemente ragionano insieme, Caino ammazza Abele ma la colpa e di Eva che se non avesse cagato quel fusto di serpente tutto questo non sarebbe successo, Adamo che ogni tanto mi chiedo 'ma c'era di testa questo qui, cos'era li a fare?' non fa una mazza se non dare la colpa a Eva.

Anche per la chiesa odierna, e non solo, il concetto di famiglia è un po' strano.

Ti dicono che la famiglia è tutto, che la chiesa è la tua famiglia, che per Cristo bisogna andare contro la famiglia ma bisogna sempre rispettare i genitori, quindi la famiglia, ma tutto dopo aver rispettato e anteposto la chiesa.

Insomma, per la famiglia devi fare tutto ma per Cristo di più che comunque, nella loro gerarchia, arriva sempre dopo la chiesa. Non si capisce una beata mazza.

Quindi, Dio decide di mandare sul campo suo figlio, che però non ha. Perché lui non ha usato una costola per avere una donna, e non l'ha nemmeno creata sputandole in faccia. Non ha una donna e non ha un figlio, e sembra quasi che se ne vergogni considerando che non ne parla mai.

Come facciamo ora a mandare il figlio sulla terra che deve essere suo figlio, quindi divino, ma anche un po' umano, un meticcio insomma. Dare alla donna il suo seme, per posta, un po' lo scoccia perché la donna può crescere i figli di quel deficiente di Adamo, ma non i suoi, il grande creatore della terra.

Ma alla fine cede, manda un angelo, che sono quei essere che non si è capito bene di che genere siano, chi li abbia creato e cosa facciano di professione, ma dicono siano buoni, loro non tolgono costole per fare nuove vite, inferiori. E soprattutto, non sono come Eva, loro non pensano, loro obbediscono e basta.

Quindi manda un angelo con un seme, oppure il seme non serviva, non lo so, sta di fatto che questo essere di luce, un volatile, va da questa povera ragazza, vergine; ragazzo mio, è fondamentale sottolineare vergine!

Riprendiamo, va dalla vergine e le dice che è incinta, non serve nessun test di gravidanza e nemmeno andare dal ginecologo o stare attenta agli sforzi, è una gravidanza sicura! "Partorirai il figlio di Dio!"

Ma dico, chiederglielo no? almeno fare finta! E poi ci meravigliamo della legge squallida che è stata abolita solo qualche decennio fa, qui in Italia, del matrimonio riparatore. 'Ti violento, poi ti prendo in sposa, così continuo a violentarti senza rischiare nulla, come e quando voglio. La legge mi dice che posso farlo perché sono maschio, in qualche senso lo dice anche la Bibbia, sei tu che mi hai tentata e ora paghi per il tuo essere tentatrice'. Un po' meno violento e disumano ma alla fine il grande programmatore fa lo stesso:

'Questo è il mio seme, garantisco la gravidanza, non lo potrò riconoscere perché mi son accorto di non avere un cognome ma... tu sei solo una donna, quindi ti devi già ritenere fortunata, punto'.

La povera Maria, che aveva il senso di problem solving, avrà pure pensato: ma non potevi mandarlo già fatto invece di mandarmi i fermenti?

Ma siccome era solo una donna, e quello lì luccicava e volava, non ha osato dire nulla.

Il programmatore, essendo geloso e megalomane e con la mente molto contorta, dice agli uomini, fatti a sua somiglianza (quindi giungete voi stessi alla conclusione) che la donna è sua, sarà lui il primo! Dopo la può 'usare' chi vuole, l'importante è che sia lui il primo. Sai quante CULture e uomini ci tengono ancora a essere i primi...

Anche se a distanza, un po' come i social ora, il creatore riesce nel suo intento, lui è il programmatore del gioco Terra, ovvio che sulla terra decide tutto lui.

Poi, il Dott. Jack interiore del Signore, gli suggerisce di dire al figlio di dare un po' di dignità alla donna. Infatti lui ci prova con "butti la prima pietra chi è senza peccato", perdonando una prostituta, dicendo alla sorella che si prodigava a preparare cena e letti di fare come l'altra sorella, cioè di sedersi e fare un cazzo! Proprio come tutti gli uomini, ascoltare, parlare e aspettare l'ora di andare a letto, poi in qualche modo, tutti insieme ci si arrangia. Poi ha convissuto per anni con una gran bella gnocca ex prostituta.

Ma a nulla è servito, ormai gli uomini, fatti a somiglianza del programmatore, non volevano perdere il primato. È così Gesù è contemplato solo quando fa comodo.

Sintesi, la povera donna si prende le colpe, le botte, le fatiche e i rischi solo perché il programmatore è un maschio.

E credo che il fattore principale che ha scaturito l'odio verso le donne, da parte del Signore, è quello di essere orfano! Chissà dove ha perso la mamma, dove se ne è andata e quando, magari abbandonandolo volontariamente.

E non si sa mai, magari ha lasciato la famiglia, e quindi il povero programmatore, per andare via con un'altra donna, ti immagini se fosse vero?

Molto probabilmente è da ricondurre a qualche trauma del genere il suo progetto diabolico, contorto e misogino.

E per sentirsi sicuro, per non essere superato dall'uomo, creato a sua somiglianza, li ha generati già con il gene di Caino. Così l'avidità e l'invidia farà si che non progrediscano abbastanza da... competere con lui. Odia le donne a cui mette contro gli uomini e teme gli uomini a cui mette contro la propria avidità.

E il gioco va avanti, chissà se diverrà mai obsoleto e il suo carattere diverrà più mite, chissà se elaborerà la sua rabbia e dolore per l'abbandono e inizierà a vedere le donne semplicemente come esseri diversi, ma non inferiori, non costole strappate.

Chissà se confesserà che alla fine, all'uomo ha sputato in faccia per animarlo e la donna l'ha baciata, ma che il suo orgoglio maschile glielo ha impedito di scriverlo su manuale. Che sia pure una sputata va bene eh, che sia chiaro, ora non voglio farla diventare poesia. Anche perché, pensandoci, unica volta in cui alla donna sembra andare meglio dell'uomo, perché a essa non sputa in faccia, è per il suo male, per farla sentire inferiore.

     Questa si che è sfiga.

-   Ok, hai finito di bestemmiare?

-    Perché, scusa? È una mia opinione, un po' sarcastica ma, usando la logica, dimmi che ho torto, argomentando però.

-    Non è Dio, ma la cattiveria umana che ha portato al fratricidio ed è sempre la donna non il Signore che ha scelto di non obbedire. La donna è un essere debole...

\-   Aspe, aspe frate. Donna è un essere debole? Solo perché le mancano i muscoli dici, vero? No, perché di ingegno, capacità cognitiva, coraggio e logica non mi pare sia debole. Anzi, mi pare siamo più deboli noi che... insomma, come dirtelo, ti ricordi il detto "tira più un pelo di f. che un carro di buoi"? Mi pare che i deboli siano i maschi, ma siccome sono deboli con i muscoli fanno come i mariti frustrati che prendono a botte le mogli.

\-   Okay, io non sto dicendo che le donne son stupide, sono solo esseri emotivi.

\-   E noi esseri?

\-   Eh?

\-   No, chiedevo, noi che esseri siamo?

\-   Siamo più razionali fratello!

\-   Ah, mangiare, bere, trombare e non porsi domande ci rende esseri razionali? A me suona come esseri pigri, che si adagiano, manovrabili e addomesticabili. La donna, parlo della sua indole sia chiaro perché siamo tutti un po' bi gender, è curiosa, è ambiziosa, è un essere che va oltre. Ed è questo che disturba la Chiesa, le religioni in genere, la politica, il capitalismo cioè, tutti coloro che basano la loro forza sulla nostra fragilità, pigrizia, manovrabilità! Chi pensa con la propria testa è da decapitare... da questa sua dote. E noi, caro frate, all'epoca di Eva siamo stati proprio dei gran pirla.

\-   Non tutto ciò che leggiamo nella Bibbia riusciamo a capirlo, la saggezza del Signore non ci è sempre accessibile e se Lui ha reputato più giusto, sicuro e affidabile parlare agli uomini ci sarà un perché. E non mi dire 'perché il mondo è patriarcale', ti ricordo che è stato il Signore a creare prima l'uomo e dopo...

\-   Si, si, me lo ricordo, poi ha scostolato Adamo, senza fargli del male però eh, sia ben chiaro.

\-   Non mi piace il tuo sarcasmo.

\-   Non tutto quello che si vede e si vive ci piace.

\-   Si, tu con un'alzata di spalle giustifichi il tuo cinismo.

\-   E tu con una cancellata di lavagna cerebrale, ti liberi di tutti i tuoi pensieri e dalla bellezza rara che ci è stata data, quella di poter pensare con la nostra testa. Tu stai diventando un'estensione del 'è sempre stato così'.

- Mi stai offendendo per caso?
- Io no, magari sei tu che ti stai offendendo.
- Che faccia da culo che hai.
- Io la faccia da culo, tu i pensieri di merda. E prima che mi richiedi se ti sto offendendo, ti chiedo di riflettere.

Il tuo Spirito madre, anzi Spirito padre, Colui che ispirò le mani di svariati scrittori affinché scrivessero il suo diario, la Bibbia, fa scrivere la grande differenza tra uomo e donna. L'uomo è il cane obbediente che torna a casa scodinzolando anche dopo che il padrone lo ha riempito di botte e la donna è il gatto autonomo e curioso che sa benissimo bastarsi.

Dice ad Abramo di sgozzare il proprio figlio in nome suo. Punto. Niente spiegazione, motivazioni, comprensione o dispiacere, tu sgozzalo e basta. Abramo obbedisce.

Poi, il tuo Signore ci ricorda che a Eva, qualche tempo fa, aveva chiesto di non mangiare la mela, ma lei aveva fatto di testa sua. Qui ci fa notare che l'uomo è un povero pirla che sgozza il figlio senza sapere il perché e per chi. Perché poteva benissimo essere una semplice allucinazione quella in cui sentiva la voce "sgozza tuo figlio", poteva essere colpa di un disturbo psichico, essere affetto da schizofrenia e tanti altri motivi. Quindi tu non ammazzi il figlio perché il cespuglio prende fuoco ma non brucia e senti una voce ma non sai di chi possa essere, che ti ordina di sgozzare qualcuno, soprattutto tuo figlio.

Eva invece dice che nella vita bisogna osare, se mi metti dei limiti, il minimo che puoi fare è argomentarli. Quindi, lei osa. Ha offerto all'uomo l'alibi migliore per ammazzare in nome suo. Abramo, il nostro padre terreno, il prescelto del Signore era pronto a sgozzare il proprio figlio senza chiedere prove al Signore, ovvio che io sgozzo, faccio saltare in aria, riempio di botte e stermino famiglie intere in nome di Dio. Anche a me lo ha detto Lui, non c'era un cespuglio in fiamme ma la voce l'ho sentita. C'è chi ci crede per davvero, gli esecutori che spesso ci lasciano le penne, e c'è chi sa che alcuni ci credono per davvero, i mandatari, coloro che costruiscono gli imperi sulle vittime frustrate e ignoranti dei libri antichi.

\- Ma, seguendo il tuo filone, se la donna si fosse fatta i cazzi suoi, saremmo ancora in paradiso. Perché fai così, perché continui a ridere. La smetti?

\- Scusami, scusa ma ho bisogno di tempo per riprendermi. Secondo te la Bibbia l'ha scritta Adamo che non aveva voglia di fare una mazza? O Eva, era autolesionista e si è data della deficiente rovina umanità? Lo hanno scritto una manica di uomini che ce l'avevano con le donne, probabilmente una sorella, vicina di casa, nipote o chicchessia era più brava di lui. E come ci si comporta con quelli più bravi? riconoscendo la loro bravura e mettendosi dietro oppure cercando di distruggerli. Ecco, l'uomo scrisse ciò probabilmente per un'invidia, senso di inferiorità, paura che la donna potesse essere al suo pari, non con i muscoli ma con l'intelletto.
Questi uomini hanno tirato su un casino per niente. Hanno detto che senza la donna si starebbe bene, ma siccome la donna serve loro, al di là della procreazione e dell'impulso sessuale, per sentirsi più forti, vogliono che rimanga in scena ma che faccia sempre mea culpa. E la colpa... eh, dov'è la colpa?
Quindi, caro mio, la donna si è quasi sempre fatta i cazzi suoi, anche perché ci andava di mezzo la loro vita, ma a quegli uomini pare non bastasse. Pensa solo al fatto che se trovano una donna fare sesso – fuori matrimonio – con un uomo che non è il loro – oppure viene violentata la colpa rimane della donna, anzi, a volte viene anche giustiziata. Ora, se vogliamo andare per il tuo filone del piffero, la donna può violentare un uomo? No, perché non ha nulla, di suo, con cui penetrarlo. La donna può obbligare un uomo ad avere un'erezione? No, perché se andasse a comando tanti uomini sarebbero meno frustrati, e qui nota che il cervello di molti alberga nel glande. Quindi, perché la donna deve essere giustiziata e l'uomo no? Perché la Bibbia, le leggi, le regole e le commissioni son

composti da uomini. E noi umani, a prescindere dal genere, pensiamo prima a noi stessi poi a ciò che è giusto.

- Insomma, secondo te noi siamo dei bei coglioni con i muscoli che annientano le donne e loro sono delle mere vittime.
- Come mi fai incazzare quando ragioni per sentito dire. Ma vuoi comprendere quello che diciamo o vuoi difendere, senza logica perché essa si vergogna e se ne va, l'indifendibile?
- Bah, tu continui a…
- Io continua ad analizzare, è diverso. Le donne sono esseri umani come noi, avide, egoiste, alcune dipendenti dal sesso, si frate, non solo noi dipendiamo dal sesso, subdole, arriviste e tutto ciò che di sgradevole può avere un essere umano. Ma sono anche tutto ciò che di nobile ha l'essere umano. Dico solo che la devono smettere di dire: La donna ha preferito Satana, ha disobbedito ecc. ecc. per dare la colpa di tutti i mali a chi viene definita poi, dagli stessi, sesso debole. Se è così debole come mai ti sei fatto rovinare da Lei? Allora sei doppiamente scemo! Non sopporto le religioni che usano la donna come capo espiatorio o come ricompensa per gli uomini! Ci hanno davvero rotto le palle. Soprattutto dove la logica non regge.
- Vabbè, in qualche senso hai ragione perché aumenta il divario tra i generi e aumenta un senso illogico di superiorità del maschio sulla femmina, questo sì.
- Anche i mussulmani, prescindendo dai diritti delle donne mussulmane, da come le trattano, dalla squallida abitudine di sposarne più di una perché l'uomo mussulmano ne vale tante e altre primitive orribili regole, ma io parlo del loro paradiso. Ci sono tante vergini che ti aspettano, che ti servono. Mi chiedo, cosa te ne fai? Se le tue mogli hanno guadagnato il paradiso, e se il loro paradiso non è fatto solo di anima ma anche di materia e quindi di impulso sessuale, comunque non te ne bastano le quattro cinque che ti sei portato ma ne vuoi anche altre, vergini pure? E il rispetto per le tue donne? E quelle vergini sono merce per ricompensare la buona condotta maschile? È meglio che mi fermi perché

mi viene il sangue amaro solo a pensare che le persone non pensano! Non mettono in dubbio, non scelgono!

- Sui mussulmani non ci avevo mai riflettuto...

- Da quello che hai sostenuto finora non hai riflettuto nemmeno sui cattolici, nonché la tua religione.

- Dai, non diventare pesante.

- Lo sono, son pieno di muscoli.

- Deficiente. Però, a pensarci bene, è meglio il cattolicesimo dell'islam.

- Beh, o Dio, bisogna vedere l'epoca e gli interessi della chiesa, nei secoli è cambiata molto e tante sue fazioni sono severe, come l'islam che in tante sue correnti è ben più tollerante.

- Hai ragione, alla fine le migliori sono quelle orientali, ecco perché stanno invadendo l'Europa.

- Ah, basta. Ti dico solo una cosa e poi chiudo.

- Suona come una minaccia ma ti ascolto.

- Hai presente il tanto sentito e poco capito e studiato Taoismo?

- Si, certo.

- E le due forze complementari nonché opposte che compongono la vita Yin e Yang?

- Anche! Non ne so quasi nulla ma le ho sentite nominare oltre che raffigurare col nero e bianco in una sorta di doppia virgola.

- Ecco, tu sai che Yin è ombra, umidità, oscurità, i cibi raffinati e quindi pro infiammatori, il negativo ecc è femminile, quindi femmina! E yang è sole, cielo, calore, positivo, maschile, maschio. È molto fine il signor Tao ma alle donne lo mette in quel posto.

- O Signore, questa è bella! Quindi tu ci vorresti tutti Atei!

- No, no. Io vorrei che tutti riflettessero, che scegliessero, che si interessassero al senso delle cose, vorrei che tutti fossero un po' Eva. Non è la religione il male dell'umanità perché la religione è frutto di essa! È come è stato redatto, ma soprattutto, lo seguirlo a occhi chiusi, camminando su vite fragili, calpestando deboli, colpevolizzando i diversi, conformando il genio allo stupido e tanti altri scempi compiuti dall'umanità, in nome della religione, ma come vedi, è solo un pretesto. Vorrei che la gente osasse a essere se stessa e soprattutto la smettesse di massacrare coloro che lo fanno!

- Ma tu, di che religione sei?

- Io?

- Si, e non ridere!

- Sono agnostico, o forse solo un essere spirituale. Il problema è che molte persone confondono la spiritualità con la religione. Son un essere che usa la coscienza, che pensa, che analizza, ma non ho una religione, lo avevo ma quando ho capito che il nostro era un rapporto tossico, me ne sono andato.

- Le vedi così brutte le religioni, o meglio dire, il cristianesimo, lo vedi così brutto?

- No, non è il fatto di come io vedo le religioni, ma di come li vedono coloro che hanno dentro tanta rabbia, i frustrati, gli insicuri, i falliti, gli avidi, tutti coloro che si riscattano con la violenza chiamandola sacra. E non parlo solo degli atti terroristici in senso stretto, ma anche del terrore seminato in casa dai maschi 'religiosi' che annientano le donne, le privano dal diritto di studiare, di esprimersi, di passeggiare, di decidere, le privano dal diritto di vivere ma le condannano a esistere, sotto il terribile peso della violenza e dell'accusa che loro sono peccatrici solo perché sono donne. Sono esseri pericolosi solo perché sono donne; dicono così perché ammettere che il pericolo che sostituisce la donna, se ci fosse, sta nella debolezza maschile è da saggi, e i saggi non usano la religione ma la ragione e la spiritualità.
Vedi, io l'ho letta la tua Bibbia. In essa c'è scritto che Dio mandò Cristo, unico suo figlio, a morire sulla croce per liberare l'umanità dai peccati. Questo si potrebbe definire l'ultima manifestazione di Dio, ma come avrai notato, gli uomini continuano a preferire Abramo. Preferiscono sentirsi in diritto di sacrificare gli altri in nome di... di

un'allucinazione che sacrificarsi per gli altri o solo pensare che Dio, alla fine, ha smesso di chiedere sacrifici e si è offerto egli stesso in sacrificio. Forse perché si è accorto di essere stato preso alla lettera. Probabilmente credeva che l'uomo, avendolo fatto a sua somiglianza, fosse un po' più intelligente.

-    Non lo avevo mai guardato sotto questo punto di vista... vedi, mi sei antipatico ma è sempre bello parlare con te.

-    È sempre bello parlare esprimendo i propri pensieri, è sempre bello pensare con la propria testa nonostante la fatica che costa.

-    Questa volta hai ragione. Dovresti fare dei seminari," la Bibbia secondo Aron".

-    Geniale l'idea, però cambierei il tema, farei "La Bibbia secondo il libero pensiero".

-    Dai, meglio di niente, sono d'accordo.

-    Ooooo, che bello, ti è tornato il sorriso.

-    Ma si, perché alla fine tu sei buono, sei cinico, sarcastico e anche stronzo ma sei buono.

-    Sono sincero, è diverso.

-    Sei sinceramente buono, e questo è tanta roba. Ma se ti dovessi identificare in una religione, quale sceglieresti?

-    Posso scegliere un personaggio invece di una religione?

-    Si, perché no, ancora più interessante.

-    Allora io sono Eva! Almeno un po' e spero di esserlo sempre di più.

-    Ti ricordi che per fare Eva Dio strappò una costola ad Adamo? E se devo guardare tutto in modo metaforico, questo vuol dire guai. Se vuoi una donna devi essere pronto a privarti di una costola, di una parte di te.

-    Ecco, ottima osservazione, pensaci bene a cosa sei disposto per la tua Angelica, a me questa considerazione non tocca, non per ora.

-    Sai sempre come girare la frittata.

-    Questa me l'hai servita tu però.

- E anche questa volta potresti avere ragione. Ti ricordi che dovevamo fermarci 10 minuti?
- Infatti, non ci siamo ancora fermati. Guarda che mentalmente hai lavorato più oggi che l'ultimo anno, amico mio.
- Ma vai a quel paese, Eva.

POTERE E IGNORANZA

È proprio bravo il mio amico, è un pezzo di tenerone. La sua parte femminile predomina, se mai dovessimo usare delle distinzioni sui generi, perché la sua sensibilità ed emotività superano la razionalità. Ogni volta che si innamora, o pensa di essersi innamorato, cambia radicalmente. Cambia il suo modo di vestirsi, il suo modo di pensare, cambia persino religione.

Quando le storie finiscono torna all'origine, cioè, insoddisfatto, senza una religione ma senza essere agnostico o ateo, pigro, un po' trasandato e l'euforia e l'ottimismo sembra non l'abbiano mai incrociato nemmeno per sbaglio.

Ora Angelica gli sta facendo scoprire le meraviglia della Bibbia, i peccati invece non li vede proprio. Perché Angelica è la mela di Eden che il mio amico non ha ancora morsicato, e quindi la sua conoscenza è ancora annebbiata e il peccato, senza consapevolezza, non può esistere.

Chissà quanto durerà il suo interesse per la Bibbia e per le opere buone dopo aver morsicato la mela della conoscenza, credo poco.

Sono meravigliose le illusioni, se solo durassero una vita intera. Sono come dei potenti anestetici che coprono ogni dolore, fisico o psichico che sia. O meglio, le illusioni sono come dei allucinogeni che ti portano in mondi meravigliosi, se solo non finisse il loro effetto.

L'amore, se affonda le radici in uno sconosciuto, in cui riponiamo la fiducia e l'illusione della felicità, durerà poco, saprà di vuoto e ci farà tanto male.

Lo sconosciuto, dentro di noi, diventerà quello che vorremmo ma non riusciamo ad essere, mente nella realtà sarà se stesso che seppur possa avere delle caratteristiche comuni al nostro essere ideale, rimarrà sempre un essere diverso.

Più conosciamo 'lo sconosciuto' e più ci accorgiamo che è sbagliato per noi, in realtà ci accorgiamo che non è frutto dei nostri meccanismi cerebrali ma dare la colpa agli altri ci appare più edificante.

E così la fine di una relazione diventa un lutto, ma non per aver perso una persona a noi cara, uno che finché ci era sconosciuto ci illudevamo andasse bene ma non appena lo conosciamo i accorgiamo che abbiamo sbagliato tutto.

Alla fine è sempre colpa della conoscenza, la mela, porca Eva. Dicevo che la fine di una relazione diventa un lutto quando non si trova se stessi. Quando ci si aspetta di essere amati e non ci si ama abbastanza, quando ci si aspetta che sial l'altro a darci la spinta verso il sole mentre stiamo accovacciati nell'ombra e nell'umidità.

Se non ci hanno amati, se non ci hanno insegnato ad amare, ma impariamo da noi, siamo grandi amanti autodidatti! Tanto nessuno può conoscerci meglio di quanto conosciamo noi stessi, nessuno può amarci di più e meglio di come e quanto ci amiamo noi!

E se noi non riusciamo a farlo... ci sarà sempre una mela che, all'improvviso, finirà tra i nostri denti e accenderà la conoscenza.

Ci sarà sempre una mela che ci ricorderà la fine dell'atto dell'illusione.

Ci sarà sempre una mela che ci ricorderà che non vi è pezzo nel mondo che possa completare il nostro puzzle, che possa riempire il nostro vuoto, nessuno al di fuori di noi!

Povero amico mio, più ci si illude più ci si fa del male.

-    Hey, Aron, quanto tempo

- Ciao, si, quasi due giorni interi senza vederci.
- Se la voliamo dire tutta, ieri sera ti ho visto…
- Ma non ti sei fatto notare affinché io non parlassi con Angelica.
- Ma no, cosa c'entra?
- La paura che io possa notare o farti notare qualcosa che possa guastare la magica atmosfera che l'illusione di esserti innamorato ti sta facendo vivere?
- Ma quanto sei stronzo!
- È una domanda o un'affermazione.
- Mi fai incazzare, era meglio non salutarti affatto.
- Ma perché ti arrabbi così?
- Perché si! Ma ti senti?
- Oi, oi, stai tranquillo. Ti ha dato fastidio che abbia definito illusione quello che ora stai vivendo con la tua amica Angelica?
- Si, anche.
- Si, solo, non anche. Credo che sia quello che ti fa più male, visto che ti ricorda situazioni vissute più volte. Se tu fossi sereno e convinto questo non…
- Smettila di fare il psicoanalista e guarda i fatti tuoi.
- Va bene, ti chiedo scusa.
- Oh, finalmente pronunci qualcosa di sensato.
- Volevo invitarti a bere un aperitivo ma… non so, magari non è la giornata giusta.
- È invece è l'unica cosa giusta ed è anche il minimo che tu possa fare per farti perdonare, dopo il giramento di palle che mi hai fatto venire.
- Certo padrone, ne sono lusingato. Gnocca?
- Eh? Cosa intendi?
- Dai, cerebro bradipo, quale bar, dove c'è la gnocca o dove c'è meno casino.
- Aaaah, scusa, gnocca tutta la vita.
- È Angelica?
- Inutile che fai l'occhiolino, è gnocca anche lei ma siccome mi devo accontentare di guardare, lo faccio dove e quando posso.

Non la sto mica tradendo.
- No, se non te l'ha ancora data...
- Come sei volgare.
- La speranza intendevo, la speranza di una storia insieme.
- Si, certo, conosco le tue frasi ambigue. Dai, fammi strada e prepara il portafoglio.

L'alcol viene assunto spesso non tanto per il gusto ma per il suo effetto. Alla fine è una droga legalizzata. Ti rende disinibito, ti trovi bene con i tuoi difetti e riesci a usare la lingua non solo per leccare il deretano degli altri e dire cose per compiacere il mondo ma finalmente ce la fai a dire la tua opinione; che stavi quasi per dimenticarti di averne una.
Ma quando il disagio è grande, anche se non si è particolarmente coraggiosi e schietti, non si ha bisogno di droghe per esprimersi.

- Ora parliamo seriamente Aron.
- Non vuoi prima finire il tuo calice, o almeno arriva a metà
- Smettila di fare il deficiente.
- Ok, chiedo scusa.
- Perché mi parli così?
- 'Così' come?
- Dai, non far finta di non aver capito. Parli come se fossi un adolescente che ha annusato per la prima volta la selva femminile e non capisce più niente. Non dici nulla in modo esplicito ma conosco le tue mimiche, le tue frasi a metà, le tue parole ambigue.
- Ti faccio sentire a disagio?
- Mi fai stare male, è diverso.
- Perché, spiegamene il motivo!
- Perché ogni volta va a finire come dici tu, ogni volta! E la cosa che mi fa incazzare è che non me lo dici mai apertamente, mi ci fai arrivare. Poi siccome a me fa male, faccio finta di non capirti e scappo, quando poi non c'è più da scappare, torno da te. E tu, tu non mi rinfacci mai nulla.

- E questo ti fa star male?
- No, non quella che fai tu, ma quello che faccio io, e tu sei lo specchio dove si riflettono i miei errori, le mie debolezze. Sei l'amico che vorrei per tutta la vita…
- Non ho capito dov'è il problema però?
- Sono io a non volermi così come sono, non vorrei un me stesso così.
L'illusione, di cui parli tu, svanisce ogni volta che parliamo insieme, e questo fa male e fa bene.
- Possiamo usare il linguaggio biblico, visto che ora ne sei particolarmente immerso?
- Basta che non continui per mezz'ora a fare il sarcastico come l'altro ieri.
- Però ti è piaciuto eh?
- Mmmm si, tantissimo. A parte le cretinate, si, mi è piaciuto molto riflettere con te in modo profondo e ironico ma due volte a settimana è troppo. Ho ancora il cervello infiammato, fammelo riposare un po' prima, ti prego.
- Allora cercherò di concentrarla in 10 minuti.
- Oh Dio, mi suona come una minaccia, io so che non sarà così.
- Ovviamente, lo sai come lo so io.
- Allora, facciamo così, mente tu fai la tua appassionata arringa io bevo e tu paghi. Paghi tutto tu! È il minimo che puoi offrire al tuo pubblico fedele e sostenitore.
- Devo pagare per farmi ascoltare, porca vacca, sto peggiorando, la mia dote persuasiva si sta volatilizzando.
- Allora alla tua arringa.
- Al tuo opportunismo.
- Hai detto che Adamo era una mezza sega, sto cercando di essere più Eva.
- Riesci ancora a fare l'occhiolino, brutto segno, vuol dire che riesci a bere ancora tanto.
Allora, iniziamo.
Tu sai benissimo che politica e religione, oltre ad aver conteso il potere sul popolo pecorone, ha molto in comune vero?
- Su questo devo darti ragione, solo in alcune parentesi

temporali isolate ma, le religioni si son mostrate spesso avide, spietate e assetate di potere.

- Dici in parentesi temporali isolate, io invece dico quando è stato loro possibile, quando il contesto è stato favorevole. Non sono stupidi, sanno bene quando possono colpire. Ma non è questo di cui volevo parlarti ma del fatto che sia le religioni che la politica non ci vogliono formati ne informati, ci vogliono sono conformati.

Al popolo, alle persone, fa comodo. È brutto da dire ma è così. Preferiscono l'illusione di un governo migliore, di una vita eterna a grattarsi la pancia in paradiso, e magari sputare in faccia a Eva, e non per darle vita.

Le persone sono un controsenso continuo. Uccidono in nome di Dio, fanno del male in nome dell'amore e si suicidano perché amano troppo la vita.

Preferiscono dare la colpa alla genetica invece del loro stile di vita errato, prendere un pugno di pillole e andare in giro a lamentarsi di quanto stanno male invece di fare qualcosa per stare meglio. Le persone non sanno cosa farsene della libertà, del tempo libero, della conoscenza e della possibilità di fare delle scelte in totale autonomia.

Le persone non sanno cosa farsene della propria originalità!

Le persone cercano di compiacere gli altri, di votare il migliore invece di diventare essi stessi migliori, di aspettare che dal cielo cada la manna, di trovare un partner che li faccia sentire felici quando essi stessi cercano fuori e mai dentro.

Se pensi a tutto questo, è facile comprendere come le religioni e la politica, come alcuni dittatori sono riusciti ad annientare intere popolazioni!

Le persone sono codarde, pigre e ignoranti, ci tengono di più ai titoli che alla conoscenza.

Per esempio, tu vorresti che io ti dicessi che Angelica e una bella gnocca, che la Bibbia è il libro più importante di questo mondo, che le donne sono inferiori perché lo dice la Bibbia, che bisogna ammazzare il proprio figlio se il cespuglio lo chiede ma tu lo sai che tutto questo è assurdo.

Tu sai che dovresti scegliere una partner affine a te e non renderti affine alla prima che ti considera e che e di tuo gradimento a livello estetico.

Ma per paura di perdere questa 'opportunità' ti accomodi nell'illusione. Ti illudi che la Bibbia dica il vero, in modo saggio e che siamo noi che non la capiamo, che Angelica ti darà il pezzo giusto per completare il cuore e sentirti finalmente sereno. Ma sai che non è così, e solo pensarlo, ragionando, ci stai male. Stai facendo quello che la massa ha fatto da sempre, fingere di crederci, conformarti. Stai respingendo la conoscenza!

- In che senso respingo la conoscenza.

- Tu sai che stai facendo cose solo per compiacere Angelica, e non dico portarle una rosa ma cambiare il tuo modo di pensare, ti stai rendendo affine a lei, ti stai snaturando, stai rinunciando alla tua originalità e lo fai ogni volta che ti avvicini a una donna.

- Purtroppo questo è vero.

- Se sai che è vero perché continui a farlo?

- Non lo so...

- Te lo dico io, perché appena puoi ti dimentichi di tutto e ti immergi nell'illusione, perché è molto più comodo così. la conoscenza è impegnativa, è scomoda.

- La conoscenza è bastarda.

- No, forse è l'unica facoltà col pedigree, è l'illusione ad essere bastarda.

- La consapevolezza, l'introspezione, la comprensione della verità non sempre sono positive.

- Non sempre sono facili e non sempre portano a risultati soddisfacenti vuoi dire! però ricordati, se non attraverso esse, non troverai mai la soddisfazione di essere te stesso.

- Ma non è come dirlo.

- Non è nemmeno evitandolo che lo raggiungi e soprattutto, ricordati che avrai contro quasi tutti. Ripensa solo alla tua amica Eva. Ha voluto mangiare la mela della conoscenza, gliela rinfacciano ancora oggi. Finché Eva non mangiò la mela della conoscenza non esisteva il peccato. Poi Eva accede alla conoscenza e il peccato, tac, azzanna lei, lui e tutti coloro che verranno dopo. Sai cosa vuol dire questo?

-   Forse lo so ma preferisco che me lo dici tu.

-   Che la chiesa caro mio, le religioni, la politica e chiunque possa ingrossare le chiappe dall'ingenuità della massa, ti vuole ignorante. La morale della mela è: Tu non chiedere, tu non pensare, tu evita di sapere e io ti libererò da ogni male.
Ti chiedono l'ignoranza in cambio di un'illusione, l'illusione del paradiso.
Non appena ti sei consegnato a loro, ti chiedono tutto, anche la vita, e a te non è concesso chiedere nemmeno il perché. Tutto in cambio di una fottuta illusione, tutto perché tu stesso hai deciso di consegnare a loro la tua mente mai aperta, mai usata, lasciando la mela della conoscenza integra. Questo paradiso promesso ha rotto le palle, ma la gente continua a cascarci.
Io però preferisco un inferno pieno di persone intelligenti, anticonformisti, originali, creativi, coraggiosi e con una mente usata che un paradiso pieno di copie di Adamo.

-   Embè, questo mi pare palese, anche io preferisco un inferno pieno di coppie di Eva che un paradiso che pullula di tipi come Adamo.

-   Questa mi piace.

-   Vedi che ti ascolto alla fine?

-   Si, pagandoti da bere si.

-   Alla tua!

-   Alla mia arringa?

-   Si, diciamo che ha un sapore bilanciato, forse un po' troppo alcolica ma essendo gratis la sento molto gradevole e vellutata.

-   Allora alla tua mela, che tu la possa mordere.

C'È SEMPRE UNA RELIGIONE DOVE NON C'È DIO

- Pronto, Aron.
- Ehi, ciao, che piacere sentirti.
- Si, non fare il lecchino.
- No davvero, per telefono non mi puoi costare come l'ultima volta.
- Ma per telefono non puoi nemmeno fare le tue interminabili arringhe.
- Ne sei sicuro?
- Si che ne son sicuro, sai che esistono posti con poco campo e la linea tende a cadere e poi il dispositivo risulta irraggiungibile proprio perché non c'è abbastanza campo.
- E questo accade solo quando l'arringa si protrae per troppo tempo e il pubblico non ha da bere gratis, vero?
- Perspicace il mio amico.
- Allora mi sa che qui non c'è abbastanza copertura.
- Stronzo come sempre.
- Uno stronzo perspicace, non mi è andata poi malissimo.
- Sai perché ti ho chiamato?
- No, non sono così perspicace.
- Ho fatto un sogno di merda.
- Oh porca vacca, e mi chiami per questo, da quando?
- Da quando tu mi fai il lavaggio del cervello con le tue

arringhe da cocktail!

- L'igiene mentale, si chiama igiene mentale.

- Non sono ancora pazzo.

- Eh lo so, è tutto merito mio e dell'igiene mentale che applico regolarmente su di te, ma dimmi, com'è questo sogno che ti ha spinto a chiamarmi, a parlare con me senza che io ti debba offrire nulla.

- Senti genio, però siediti, è quasi come le tue arringhe.

- Ok, sono già comodamente seduto, ma devo prendere nota?

- No, non occorre, te lo potrei raccontare anche tra dieci anni e con dovizia di particolari, talmente mi ha scioccato.

- O mon dieu, allora parti.

- Allora, l'ho fatto alla mattina, infatti mi sono svegliato cinque minuti prima della sveglia.

Ero in questo posto strano, nel senso che eravamo sollevati nell'aria ma c'erano alberi e corsi d'acqua. E io nel sogno mi chiedevo come fosse possibile e mi si spiegava tutto. Mentre sognavo non solo capivo e mi sembrava banale ma mi meravigliavo come gli esseri umani non capissero certe cose. Insomma, è un sogno strano.

E poi ebbe inizio una grande riunione, tipo giudizio universale.

Chiesi cosa stesse succedendo e mi si rispose che era il giorno in cui gli strati celesti si riunivano. Questo evento accadeva ogni cinquecento anni.

C'era una sorte di commissione, una ventina di persone, messi in fila indiana dietro un tavolo di non so che materiale, visto che era coperta di una tovaglia d'oro. Cioè, non coloro oro, sembrava oro liquido. Tutti, esclusivamente maschi, vestivano con molto sfarzo e lasciavano il loro peso sui gomiti graziosamente appoggiati sul tavolo. Davanti a loro passavano, continuamente le persone, di ogni età e di entrambi i sessi. Mi dissero che quelle erano tutte anime smarrite, destinate all'inferno che la commissione esaminava per capire se ci fosse qualche speranza per dare loro una seconda opportunità, spedendoli in purgatorio, che era una sorta di riformatorio.

La prima fu una ragazza giovane, aveva gli occhi tristi ma nessun segno di paura. Sembrava parlasse solo per educazione, ma era evidente che non gliene fregava proprio nulla suscitare la pietà della commissione.

- Perché sei qui?
- Perché ho difeso mia madre
- A noi risulta che hai ucciso tuo padre.
- Non mi ha chiesto come ho difeso mia madre ma perché fossi qui. Ha massacrato mia madre per anni, ha violentato e riempito di botte me, ma di me non me ne fregava nulla, l'ho fatto per difendere mia madre, e dopo mi son liberata di quel corpo che mi ricordava l'orrore, lo schifo, i liquidi e il corpo di mio padre. Ecco perché sono qui.
- La ragazza non pare per nulla pentita, non recuperabile.
- Perché ti trovi qui?
- Perché sono andato contro natura.
- In che senso figliolo.
- Ho amato una persona del mio stesso sesso e il prete ha fatto la spia.
- Quindi tu non dai la colpa alla tua condotta immorale, ma alla trasparenza e sincerità di un amorevole padre che, per salvarti l'anima, ha reso pubblica la tua relazione orribile. Lo ha fatto affinché tu comprendessi il peso e l'orrore di quello che andavi facendo.
- Oh, questo si, indubbiamente. Ma se non l'avessi detto al parroco non lo avrebbe saputo nessuno e non avrei fatto una vita di merda.
- Non recuperabile. Il prossimo prego.

Si presentò una donna grassa ma con le labbra sottili, rese ancora più minuscole dalla sua insistenza a stringerle. Testa alta, piena di un orgoglio che aveva qualcosa si sinistro. Subito dopo avrei scoperta cos'era.

- Finalmente una donna che si merita la gloria di del nostro

Signore. Ci dica donna, perché si è meritata il paradiso.

- Ho servito nostro Signore come Abramo, anzi, oserei dire meglio.

- Ce lo spieghi meglio donna, affinché tutti possano sentire la tua grande opera di obbedienza e amore nei confronti del nostro Signore.

- Ho immolato mia figlia al Signore, perché essa non voleva rispettare la sua gloria e i suoi insegnamenti, voleva disobbedire alle sue regole e io le ho tagliato la gola, con queste mani. Il mio amore per il Signore è al i sopra di ogni cosa.

- Assassina, volgare frustrata, codarda che se la prende con chi invece ha coraggio e voglia di vivere. Tu l'hai fatto solo per gelosia, perché tua figlia voleva vivere una vita degna di essere chiamata tale. La tua bambina voleva fare quello che tu segretamente desideravi ma non ne avevi il coraggio. Io ho dato la vita per difendere mia madre, affinché potesse vivere sulla terra qualche giorno che non fosse solo d'inferno, tu invece uccidi tua figlia. Vomitevole assassina , brutto quintale di schifo e cattiveria.

- Peccatrice, stai zitta peccatrice. Il mio è solo amore per il nostro Signore. Tu invece hai tentato tuo padre e poi l'hai ucciso.

Nello sentire quelle parole la ragazza partì come un razzo, non metaforicamente ma veramente. Lasciò dietro di sé una scia di un arancione strano, come fosse di fuoco. Fece cadere sul suolo una decina di uomini che tentarono di fermarla, si scagliò contro la donna e la fece a pezzi, letteralmente a pezzi. Non uscì sangue, ma avevo l'impressione che ciò che componeva il suo essere avesse un peso perché cadeva velocemente sul suolo. Lanciavi delle urla strazianti mentre la ragazza la strappava viva, o Dio, la strappava morta. Insomma, non sapevo si potessero uccidere i morti, o le anime. Ero molto scosso e spaventato da quello che vedevo. Poi la ragazza si girò verso la commissione, che assistete senza scomporsi, d'altronde è da un'eternità che vedono anime sfilare davanti a loro, dubito possano rimanere più sorpresi. Dicevo che la ragazza disse alla commissione, questa volta con uno sguardo luminoso:

- Ora sì, che me ne vado in pace all'inferno!

Dopo un attimo di terrore negli occhi delle anime destinate alla gloria eterna, tutto riprese normalmente. Era curioso come nessuno delle anime destinate all'inferno si scompose e di come quelle destinate al paradiso erano tremanti, come linguette di fuoco di candele al vento.

Riprese la sfilata, passarono milioni di persone ma nessuno di quelli destinati all'inferno fu perdonato e nessuno di quelli destinati al paradiso fu declassato, nemmeno con qualche secolo di purgatorio. Ripresero con le anime destinate al paradiso.

- Dimmi figliolo, cos'hai fatto per meritarti il paradiso, dopo tanti peccati vogliamo un po' di balsamo per le nostre anime che sono costrette a sentire le cose più brutte che si possano immaginare. Per ogni anima pura ne abbiamo mille tenebrose.

- Grazie di questo dono miei cari Santi. Ho dedicato la vita a Dio e alla chiesa, mi sono annientato per il prossimo, ho fatto il prete.

Non fece in tempo a finire e si sentì subito la voce forte ma senza rabbia dell'omosessuale che avevano spedito dritto all'inferno. Forse perché, se si trovava lì era anche e soprattutto per colpa del prete che ora si godeva il suo paradiso.

- E allora? perché dovresti andare in paradiso tu? Hai fatto un mestiere come tutti, retribuito. Non hai mica lavorato gratis. Ma soprattutto anche tu sei andato contro natura, perché se Dio vi ha creati per procreare, voi dite a Dio che vi ha progettato male. E quindi vi astenete dal sesso, teoricamente, e dalla famiglia realmente, ve ne lavate le mani.

- Peccatore, come ti permetti? Tutto quello che ho fatto l'ho fatto in nome di Dio!

- Ah si? E di quale Dio, dimmelo un po'! Ha per caso scritto da qualche parte Dio che coloro che porteranno avanti il suo nome non devono avere famiglia ma soprattutto ha mai scritto che chi farà il prete dovrà essere retribuito? Voi affibbiate a Do tutto ciò che vi fa comodo. Ma arriverà il giorno in cui Dio scenderà e svuoterà l'inferno da gente come noi e vi ci butterà dentro tutti voi, squallidi corrotti che non siete altro.

Ci fu un gran parlare, un gran caos ma alla fine il peccatore omosessuale lo portarono via e il prete lo misero a sedere prodigandosi in mille scuse per quello che aveva dovuto subire.

Poi ci fu un gran parlare su problemi esistenziali da parte nostra. E tu dirai, vostra di chi, chi eravate e che ruolo avevate.

Sinceramente non l'ho ben capito, era come fossimo degli spettatori, come se stessimo guardando quello che capiterà poi anche a noi, non te lo so dire. so che eravamo un bel gruppetto di persone e tra noi ci perdemmo in discorso più grandi di noi.

Si parlava di Dio. Quale Dio, e perché ce ne sono tanti. Perché il post morte ci accoglie con scenari diversi a seconda del Dio che abbiamo seguito.

Ma io non posso, all'ultimo, cambiare Dio, se non mi piace la ricompensa che mi da?

E parlando dell'importanza e diversità di Dio, o meglio dire di religione, si diceva:

- La grandezza di Dio si misura dai suoi followers.

- Ma dai, non ci credo.

- Già, altrimenti non vale niente. Cioè, se Dio non è della stessa immagine dell'uomo, per rispetto si dice che noi siamo a sua immagine, che non minaccia con torture infinite se non fai quello che vuole lui, che non fa promesse e soprattutto che ti permette di essere te stesso, di avere una tua identità e opinione, di mettere in dubbio ciò che non ti è chiaro, non ha futuro!

- Ma perché? Sarebbe un Dio perfetto.
- Si, ma perderebbe potere e controllo. Guarda che noi le religioni, scusa, volevo dire Dio lo abbiamo concepito proprio per facilitare l'annichilimento della massa.
- Ma non è vero, la religione è di più.
- Ah si, è quale? Come fai ad avere un premio diverso per uguale condotta? Solo perché hai votato un Dio diverso. Non siamo mica in parlamento, non si può eleggere Dio, le religioni si.
- È vero, è un po' difficile da capire ma io rimango dell'idea che la religione, almeno la mia, è molto di più!
- Qual è la tua religione? Quella che spedisce all'inferno una ragazza che ci è già passata per l'inferno e ha fatto l'impossibile per far sì che l'inferno di sua madre finisse ma manda in paradiso un pervertito che ha vissuto non per il prossimo ma sulle spalle del prossimo?
- Ma non sono tutti così, e poi verrà Cristo che metterà tutto a posto!
- Allora che bisogno c'è passare da questi ciarlatani se Cristo vede e capisce tutto?
- Oh com'è tutto difficile.
- Non è difficile, è scomodo.
- Ma poi, la religione rende le persone migliori. I sondaggi dicono che gli atei sono più cattivi.
- Si, e che gli asini volano. Gli atei, gli agnostici o quelli che non ci tengono nemmeno a definirsi, sono solo più coraggiosi, ecco qual è la differenza.
- Ma Dio è amore.
- Si, vallo a dire a quelle ragazze che vengono sgozzate in nome di Dio. O a quegli uomini che vengono uccisi perché sono omosessuali. Spiega a loro che Dio è amore.
- E invece si, Dio è amore. È la religione a fomentare l'odio!
- Oh, finalmente l'hai capito!

- Cosa?
- Che la spiritualità, la buona condotta, l'anima per bene non c'entra nulla con la religione. Hai finalmente capito che dove c'è religione non c'è Dio.

- E poi mi sono svegliato. Pronto, ci sei ancora.
- Si che ci sono, mi devi due giri di birra stasera, è durata più della mia arringa e in più è scomodo tenere il telefono attaccato all'orecchio.
- Sai che hanno inventato il vivavoce?
- Certo, e tu sai che ti avrebbero preso per il culo per tutto il resto della tua vita?
- Ma dove sei?
- Te lo dirò mentre sorseggio la birra che tu mi offrirai stasera.
- Va bene, ma non ti sembra strano il mio sogno?
- No, nemmeno un po', mi sembra strano che tu certe riflessioni non riesca a farle da sveglio ma da addormentato si. È il caso di dire che sei più sveglio mentre dormi. Credo che verrò a discorrere con te mentre dormi.
- Va a quel paese stronzo... e smettila di ridere, non sei né simpatico né divertente.
- Questa è la tua opinione. Visto che mi hai appena insultato ti faccio una domanda scomoda, tanto non hai altre offese da versarmi addosso.
- Come se tu avessi mai fatto domande comode.
- Tu non lo sai, ma questo è un bel complimento per me.
- Ok, come vuoi tu, basta che ti togli dalle palle con questa domanda scomoda.
- Angelica? È da quasi dieci giorni che non ci si vede e non ci si sente, tante cose possono succedere in dieci giorni. Aggiornami caro amico mio.
- Me lo immaginavo questa domanda. Posso anche non rispondere?
- Si che puoi, ma non vuoi, hai bisogno di parlarne.
- Dio quanto ti odio quando fai così!
- Quindi?

- Ho preso le distanze da lei. Ho fatto molta introspezione in questi giorni. Mi sono chiesto chi fossi e cosa desiderassi io. Per esempio quanto me ne sarebbe fottuto della sua chiesa se non fosse per stare vicino a lei. E ho capito che hai ragione e questo mi fa incazzare, darti ragione mi fa salire la scimmia, ma hai ragione. Non ha senso snaturarmi per trovare la spensieratezza, la serenità o l'amore che sia. E sai cos'è la cosa che mi fa incazzare di più del fatto che hai ragione?
- Perché c'è qualcosa che ti fa incazzare più di questo?
- Si. Ed è il fatto che Angelica ha messo un muro tra me e lei. Anche come colleghi risponde solo quando è obbligata e se le è possibile lo fa con monosillabi. Come per dirmi "o sei quello e come voglio io o sei niente". E ho capito che niente lo sono quando e se diventassi come e quello che vuole lei o chi per essa.
- Ascolta.
- Dimmi.
- Stasera te la offro io la birra, anzi, le birre.
- Oh, così mi commuovi.
- Non quanto tu hai commosso me.
- Embè, certo, tu sei un essere emotivo, Eva.

ABOUT THE AUTHOR

Gaia Di Maggio

L'autrice nasce in un piccolo paese dell'est, negli anni '80. Conosce svariate sfaccetature del comunismo, la riduzione del diritto alla libertà di religione e di parola. Cresce come una donna scomoda perchè non si vuole mai conformare, pone domande scomode, e fa scelte apparentemente azzardate. L'essere donna le crea seri problemi, a partire dalla propria famiglia di origine e continuano anche oltre. Il mondo di Gaia è pieno di sorprese, sofferenze, sbagli, cadute e rinascite ma mai banale!